Genussmomente

ZUCKERFREI BACKEN

Weihnachten

EMF

EIN BUCH DER
EDITION MICHAEL FISCHER

INHALTS-VERZEICHNIS

GRUNDLAGEN

ZUCKERERSATZ UND ALTERNATIVES SÜSSEN

Süßes Gebäck ohne Zucker und weniger Kohlenhydrate – hat davon nicht schon jeder einmal geträumt? Zum Glück wird das mit folgenden Zutaten zur Wirklichkeit. Doch sollten Sie hier – wie auch sonst im Leben – nicht übertreiben. Denn in größeren Mengen verzehrt, können alle Zuckeraustauschstoffe und Süßstoffe abführend wirken.

BIRKENZUCKER (XYLIT)

ist dem Haushaltszucker im Aussehen sehr ähnlich, nur viel gesünder. Er zählt zu den Zuckeraustauschstoffen und wird aus Baumteilen gewonnen. Birkenzucker ist fast genauso süß wie normaler Zucker, hat aber nur etwa halb so viel Kalorien. Ein großer Pluspunkt ist, dass normaler Zucker 1:1 mit Birkenzucker ersetzt werden kann und dadurch das umständliche Umrechnen entfällt. Bei manchen Menschen kann er jedoch Magenprobleme verursachen; man sollte sich daher langsam an diese Zuckeralternative gewöhnen.

GETROCKNETE DATTELN

sind eine weitere natürliche Weise, zu süßen. Entweder man nimmt sie direkt im Ganzen und verarbeitet sie zu einer süßen, klebrigen Paste oder man verwendet die Produkte Dattelsüße (getrocknete, gemahlene Datteln) und Dattelsirup, wenn sie ähnlich wie Zucker eingesetzt werden sollen. Denn trotz des hohen Zucker- und Kaloriengehalts haben Datteln viele Nährstoffe, u. a. Kalium, Kalzium und Magnesium.

KOKOSBLÜTENZUCKER UND -SIRUP

zählen zu den „gesunden" Zuckerarten, da sie wenig freie Fructose und dafür viele Mineralien beinhalten. Kokosblütenzucker und -sirup werden aus dem frischen Saft der Kokosblüte gewonnen und gehören zu den nachhaltigsten Zuckerarten weltweit. Diese Zuckersorte schmeckt nicht nach Kokos, sondern hat eine angenehm karamellige Note.

STEVIA-STREUSÜSSE

ist ein Mix aus Stevia und Erythrit. Diese Alternative kann 1 : 1 wie Haushaltszucker verwendet werden. Manche Menschen empfinden den leicht bitteren Geschmack von Stevia als störend.

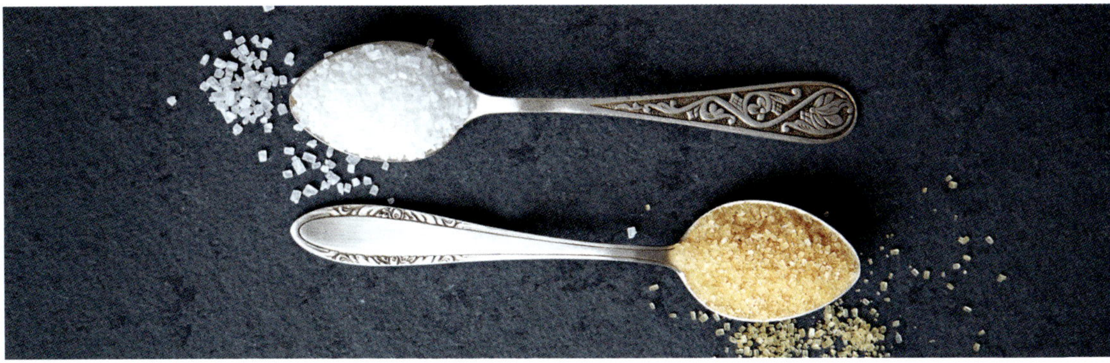

STEVIA-FLÜSSIGSÜSSE

ist praktisch, wenn es nicht auf das Volumen ankommt. Daher kann die Flüssigsüße gut bei Getränken, Konfitüre & Co. verwendet werden. Stevia zählt zu den Süßstoffen, die ohne Kalorien auskommen und eine stärkere Süßkraft als Zucker haben.

ERYTHRIT (ERYTHRITOL)

hat im Gegensatz zu Birkenzucker keine Kalorien. Es hat einen leichten Nachgeschmack und ist in der Kombination mit Kokos besonders schmeichelhaft. Mit weihnachtlichen Gewürzen vereint, wirkt es jedoch schnell fehl am Platz. Um dies zu vermeiden, kann man Erythrit und Birkenzucker als Mischung nutzen. Da es eine etwas geringere Süßkraft aufweist, werden für 100 g normalen Zucker etwa 120 g Erythrit verwendet.

WEITERE ZUCKER- UND SIRUP-SORTEN

Weitere Zuckersorten, die den Haushaltszucker ersetzen können, sind Vollrohrzucker und Rohrohrzucker. Dabei sollte aber beachtet werden, dass letzterer raffiniert ist.

Auch Agavendicksaft, Honig und Ahornsirup eignen sich als Alternativen beim Backen. Möchte man wiederum Ahornsirup und Co. in einem Rezept ersetzen, kommt Fiber-Sirup zum Einsatz, der aus pflanzlicher Stärke gewonnen wird.

GEWÜRZKUNDE

VANILLESCHOTE

Mit Vanille kann man hervorragend Süßspeisen verfeinern. Dafür wird das Vanillemark aus dem Inneren gewonnen, indem man die Schote längs aufschneidet und das Mark mit einem Messer vorsichtig herausschabt.

MUSKATNUSS, NELKEN UND ANIS

Diese drei Gewürze vervollständigen die Weihnachtsgewürz-Palette und werden vor allem in der Weihnachtsbäckerei für die typischen Gebäcksorten wie Lebkuchen oder Pfeffernüsse eingesetzt. Am besten eignen sich gemahlene Gewürze, da sie in dieser Form den Gebrauch vereinfachen.

INGWER

ist auch in der Weihnachtsbackstube beliebt. Gemahlener Ingwer ist die Signatur-Zutat in Ingwerplätzchen und Lebkuchen, die im Englischen auch Ingwerbrot (Gingerbread) genannt werden.

CRANBERRYS

eignen sich als Winterbeeren hervorragend zum Backen in der Weihnachtszeit. Der herb-säuerliche Geschmack verleiht den Backwaren eine besondere Note.

NÜSSE

vervollständigen die Zutatenliste von winterlichem Gebäck und verleihen den Backwaren ein besonderes Aroma. Meist sind sie je nach Belieben auch austauschbar.

ZIMT

ist wahrscheinlich das typischste Weihnachtsgewürz in Europa und eignet sich in gemahlener Form hervorragend zum Verfeinern von Backwaren.

GESUNDER EXTRA-KICK SUPERFOOD

Cranberry, Avocado, Chia-Samen, Matchapulver, Goji-Beere oder Granatapfel – sie alle können unseren Süßigkeiten den extra Kick geben, denn diese Lebensmittel haben mehr Nährstoffe als üblich! Nascht man von ihnen auch im Advent, macht man alles richtig.

NUSS-LIEBE

Wie gut, dass gerade in der Weihnachtszeit Nüsse wie Cashew, Haselnuss, Walnuss, Pekannuss oder Pistazie einen wichtigen Platz beim ausgewogenen Backen einnehmen – sei es die ganze Nuss, als buttriges Mus, in gehackter Form oder gemahlen.

Häufig können sie sogar Mehl oder Butter komplett ersetzen.

SUPERMANDELN

Die Mandel ist ein wahres Superfood und wirkt sich positiv auf unsere Gesundheit aus! Ihr Verzehr kann vor Diabetes, Herz-Kreislauf-Problemen und vor einem hohen Cholesterinspiegel schützen. Gut, dass wir sie auch in zig Formen zum Backen verwenden können!

SCHOKOLADE: WUNDERWAFFE ODER WEIHNACHTSSÜNDE?

Was wäre Weihnachten ohne Schokolade und Kakao? Schokolade ist umstritten, aber der Zartbitter-Variante wird nachgesagt, sich positiv auf Herz und Hirn auszuwirken. Und eine Eigenschaft kennen wir alle: Schokolade macht glücklich. Außerdem zählen Rohkakaopulver und Kakao-Nibs dank ihrer positiven Eigenschaften sogar zu den Superfoods.

EIN BISSCHEN WEIHNACHTS-WÜRZE AM SCHLUSS

Weihnachten lebt durch Gewürze wie Zimt, Ingwer oder Vanille, und Mischungen wie Lebkuchen- oder Spekulatiusgewürz sind uns allen bekannt. Man gebe noch ein wenig Orangenschale dazu und verstecke die ein oder andere Frucht in den Rezepten und schon freut man sich auf die Weihnachtszeit und alles, was sie kulinarisch zu bieten hat.

BACKTIPPS

1 Sollten Sie sich zum ersten Mal an zuckerfreies Gebäck wagen – bitte stellen Sie sich darauf ein, dass dieses womöglich etwas anders schmecken wird, als Sie normalerweise gewöhnt sind. Denn wenn wir die klassischen Zuckersorten und auch andere Zutaten ersetzen, verändert sich natürlich das Ergebnis.

2 Plätzchenteig zu Rollen zu formen, kann bei Rezepten mit Mehl- und Zuckeralternativen schnell zur Herausforderung werden. Damit die Rollen nicht zerbrechen, sollten Sie mit möglichst viel Gefühl und nur wenig Druck an die Sache herangehen.

3 Da sich Erythrit und Birkenzucker nicht so gut lösen, ist es hilfreich, beide vor der Verarbeitung im Mixer zu Puder zu mahlen. Auf Vorrat lässt er sich leider nicht optimal vorbereiten, da er schnell verklumpt. Man kann auch fertigen Erythrit-Puderzucker kaufen, jedoch ist die DIY-Version deutlich feiner und günstiger.

4 Mandelmehl, Proteinpulver und Co. weisen herstellerabhängige Unterschiede auf. Damit binden sie mal mehr und mal weniger Flüssigkeit. Mit einem kleinen Schluck Milch bekommt man trockene Teige formbarer. Sollte der Teig zu weich werden, einfach etwas Mandelmehl hinzufügen.

5 Damit sich die Zutaten möglichst gut verbinden, sollten Eier, Butter und Milchprodukte bei Zimmertemperatur verarbeitet werden. Nur bei Mürbeteig sollte die Butter kühlschrankkalt sein.

MERRY
CHRISTMAS

REZEPTE

Marzipan-Pistazien-
QUADRATE

FÜR 50 STÜCK

Für den Teig

- 30 g Birkenzucker
- 30 g Erythrit
- 75 g Butter
- 1 Ei (Größe M)
- 50 g Sojamehl
- 70 g Mandelmehl

Für die Füllung

- 80 g Pistazienkerne
- 200 g gemahlene Mandeln
- 50 g Birkenzucker
- ½ TL Rosenwasser

SO GEHT'S

1 Für den Teig Birkenzucker und Erythrit im Mixer zu Puder mahlen. Mit Butter, Ei und Mehlen verkneten. Zu einer Kugel formen, in Frischhaltefolie wickeln oder in einen wiederverschließbaren Gefrierbeutel legen und 60 Minuten kühlen.

2 In der Zwischenzeit die Marzipan-Füllung herstellen. Dafür Pistazien im Mixer fein mahlen. Mit den Mandeln mischen und mit Birkenzucker, Rosenwasser und 8 EL kaltem Wasser verkneten, bis eine homogene Masse entsteht. Die Füllung abgedeckt 30 Minuten kühlen.

3 Mürbeteig halbieren und zwischen zwei Lagen Backpapier etwa 1 cm dick auf die gleiche Größe ausrollen. Die Marzipan-Füllung ebenso ausrollen. Dann die Marzipan-Füllung zwischen die beiden Mürbeteigplatten legen und mit dem Nudelholz kurz darüberrollen.

4 Den Ofen auf 160 °C (Umluft) vorheizen. Teig in 2,5 x 2,5 cm große Quadrate schneiden und auf mit Backpapier belegte Bleche legen. Etwa 7 Minuten backen.

FROHE WEIHNACHTEN

ZIMTSCHNECKEN-
plätzchen

FÜR 50 STÜCK

Für den Teig
- 60 g Birkenzucker
- 60 g Butter
- 30 g Doppelrahm-Frischkäse
- 2 EL flüssiges Kokosöl
- 2 Eigelb (Größe M)
- 130 g Mandelmehl
- 20 g Sojamehl

Für die Füllung
- 2 EL flüssiges Kokosöl
- ¼ TL gemahlener Zimt
- 2 TL Erythrit

SO GEHT'S

1 Birkenzucker zu Puder mahlen. Butter mit Birken-Puderzucker, Frischkäse, Kokosöl und Eigelben verrühren. Dann die Mehle untermixen. Teig 30 Minuten kühlen.

2 Den Teig auf einer bemehlten Arbeitsfläche auf 20 x 30 cm ausrollen. Die Teigplatte dünn mit Kokosöl bestreichen. Zimt und Erythrit mischen und den Teig damit bestreuen. Längs zusammenrollen und 60 Minuten kühlen.

3 Den Ofen auf 160 °C (Umluft) vorheizen. Rolle mit einem scharfen Messer in etwa 1 cm dicke Scheiben schneiden. Mürbeteig-Zimtschnecken auf mit Backpapier belegte Bleche legen und 6-8 Minuten backen.

FROHE WEIHNACHTEN

HEIDESAND

FÜR 24 STÜCK

- 125 g Butter
- 20 g Birkenzucker
- 1 EL Erythrit
- 100 g gemahlene Mandeln
- 100 g Mandelmehl
- 10 g Proteinpulver
- 1 TL Vanilleessenz
- Salz

SO GEHT'S

1 Butter in einem kleinen Topf schmelzen und bräunen. Im Kühlschrank ganz auskühlen und erneut leicht festwerden lassen.

2 Birkenzucker und Erythrit zu Puder mahlen, dann mit Butter aufschlagen. Mandeln, Mandelmehl, Proteinpulver, Vanilleessenz und 1 Prise Salz unterkneten. Teig zur Rolle formen und in Frischhaltefolie wickeln. 60 Minuten im Kühlschrank fest werden lassen.

3 Den Ofen auf 160 °C (Umluft) vorheizen. Die Rolle in etwa 1 cm dicke Scheiben schneiden. Diese auf mit Backpapier belegte Bleche legen und etwa 8 Minuten backen. Auf einem Kuchengitter abkühlen lassen.

ZIMTSTERNE

FÜR 40 STÜCK

- 250 g Erythrit
- 3 Eiweiß (Größe M)
- Salz
- 200 g gemahlene Mandeln
- 200 g gemahlene Haselnusskerne
- 3 TL gemahlener Zimt
- etwas Sojamehl für die Arbeitsfläche

SO GEHT'S

1 Erythrit zu Puderzucker mahlen. Eiweiße mit 1 Prise Salz steif schlagen, dabei Erythrit-Puderzucker einrieseln lassen. 4 EL der Masse abnehmen und in einen Spritzbeutel füllen, kühlen. Mandeln, Haselnusskerne und Zimt mischen. Eiweiß in drei Portionen unterheben, bis eine formbare, nicht allzu klebrige Masse entsteht. Abdecken und 30 Minuten kühlen.

2 Den Teig zur Kugel formen und mit Sojamehl bestäuben. Auf mit Sojamehl bestäubter Arbeitsfläche etwa 1 cm dick ausrollen und Sterne ausstechen. Diese auf mit Backpapier belegte Bleche legen.

3 Den Ofen auf 160 °C ((Ober-/Unterhitze)) vorheizen. Sterne mit beiseitegelegtem Baiser verzieren und auf der unteren Schiene 20 Minuten backen.

TIPP

Sollte das Baiser nicht reichen, einfach aus 1 Eiweiß, 1 Prise Salz und 80 g Erythrit-Puderzucker zusätzlichen Eischnee schlagen. Die Menge, die vom obigen Rezept entfernt wird, sollte nicht erhöht werden, da sonst die trockenen Zutaten und der Eischnee kein optimales Verhältnis mehr haben.

Warm
WINTER
wishes

Cocoa-Crinkle- COOKIES

FÜR 40 STÜCK

- 250 g Dinkelvollkornmehl
- 2 ½ TL Backpulver
- Salz
- 200 g Apfelmus (siehe Tipp)
- 150 g Vollrohrzucker
- 60 g ungesüßtes Kakaopulver
- 80 g Kokosöl
- 2 EL Kakao-Nibs
- 50 g Puderzucker

SO GEHT'S

1 Das Mehl mit dem Backpulver und 1 Prise Salz vermischen und beiseitestellen. Das Apfelmus in einer Schüssel mit 100 g Vollrohrzucker und dem Kakao verrühren, das Kokosöl dazugeben und Kakao-Nibs unterheben. Dann mit dem Mehl zu einem glatten Teig verarbeiten. In Frischhaltefolie gewickelt, mindestens 4 Stunden kaltstellen.

2 Den Ofen auf 180 °C (Ober-/Unterhitze) vorheizen. Die jeweils 50 g Vollrohrzucker und den Puderzucker in zwei separate Schalen füllen. Den Teig aus dem Kühlschrank holen und aus ihm walnussgroße Kugeln formen. Diese erst in dem Vollrohrzucker, dann im Puderzucker wälzen. Auf ein mit Backpapier belegtes Backblech legen und auf der mittleren Schiene 10 Minuten backen. Die Cookies sollten auf diese Weise innen schön saftig sein.

TIPP

1 kg säuerliche Äpfel (z. B. Braeburn) schälen, entkernen und in Achtel schneiden. In einem Topf mit 1 EL Vollrohrzucker für 2 Minuten karamellisieren, dann mit 125 ml Apfelsaft oder Wasser aufgießen und bei mittlerer Hitze etwa 10 Minuten weich kochen. Vom Herd nehmen, zerstampfen und mit ein wenig Zitronensaft und gemahlenem Zimt abschmecken.

Kokos-
MAKRONEN

FÜR 48 STÜCK

- 150 g Erythrit
- 4 Eiweiß (Größe M)
- Salz
- 1 TL Zitronensaft
- 200 g Kokosraspel
- gemahlener Zimt

SO GEHT'S

1 Erythrit im Mixer zu Puderzucker malen. Eiweiße mit 1 Prise Salz und Zitronensaft steif aufschlagen, dabei Erythrit-Puderzucker einrieseln lassen. Kokosraspel mit 1 Prise Zimt untermischen.

2 Den Ofen auf 180 °C (Ober-/Unterhitze) vorheizen. Die Teigmasse mit zwei Teelöffeln auf zwei mit Backpapier belegte Backbleche setzen und etwa 12 Minuten im heißen Ofen backen.

TIPP

Wer möchte, kann die Kokosmakronen zur Hälfte in geschmolzene Zartbitterschokolade tauchen oder damit in Schlieren überziehen.

ENGELSAUGEN

FÜR 26 STÜCK

Für die Himbeer-Konfitüre (1 Glas à 200 ml)

- 200 g TK-Himbeeren ohne Zuckerzusatz
- Stevia-Flüssigsüße
- 1,5 g Guarkernmehl

Für die Engelsaugen

- 1 Ei (Größe M)
- 50 g Birkenzucker
- 50 g Erythrit
- 200 g Erdnussmus
- 100 g gemahlene Mandeln
- 1 TL Backpulver
- 4 EL selbst gemachte Himbeer-Konfitüre

SO GEHT'S

1 Für die Konfitüre die Beeren auftauen lassen und pürieren. Mit Stevia-Flüssigsüße abschmecken, bis die gewünschte Süße erreicht ist. Guarkernmehl aufsieben und mit einem Mixer oder Handrührgerät einarbeiten. Konfitüre in ein Einmachglas füllen und im Kühlschrank aufbewahren. Innerhalb von sieben Tagen aufbrauchen.

2 Für die Plätzchen den Ofen auf 170 °C (Umluft) vorheizen. Das Ei mit Birkenzucker und Erythrit cremig aufschlagen. Dann Erdnussmus, gemahlene Mandeln und Backpulver untermischen. Den Teig mit feuchten Händen zu kleinen Kugeln formen. Auf ein mit Backpapier belegtes Blech legen und leicht flach drücken. Mit dem Ende eines Kochlöffels eine Mulde in die Mitte drücken. Die Himbeer-Konfitüre in einen Spritzbeutel füllen und die Mulden damit befüllen. Die Engelsaugen 8–10 Minuten backen und auf einem Kuchengitter abkühlen lassen.

MERRY
CHRISTMAS

Haselnuss- MAKRONEN

FÜR 30 STÜCK

- 100 g Birkenzucker
- 50 g Erythrit
- 2 Eiweiß (Größe M)
- Salz
- 130 g gemahlene Haselnusskerne
- ½ TL gemahlener Zimt
- 30 Haselnusskerne

SO GEHT'S

1 Birkenzucker und Erythrit im Mixer zu Puder mahlen. Eiweiße mit 1 Prise Salz steif schlagen, Süße dabei einrieseln lassen. Gemahlene Haselnüsse und Zimt unterheben und den Teig in einen Spritzbeutel ohne Tülle oder einen Gefrierbeutel mit abgeschnittener Spitze füllen.

2 Den Ofen auf 160 °C (Umluft) vorheizen und ein Backblech mit Backpapier belegen. 30 Kreise auf das Backpapier spritzen und jeweils 1 Haselnuss in die Mitte setzen. Haselnussmakronen etwa 13 Minuten backen.

VANILLE-
kipferl

FÜR 25 STÜCK

- 100 g Butter
- 1 Vanilleschote
- 25 g gehackte Mandeln
- 35 g gemahlene Mandeln
- 50 g Birkenzucker
- 50 g Mandelmehl
- 20 g Kokosmehl
- 30 g Proteinpulver
- 1 Eigelb (Größe M)
- 1 Prise Salz

Außerdem

- 50 g Birkenzucker

SO GEHT'S

1 Butter in Stücke schneiden. Vanilleschote aufritzen, Mark ausschaben. Butter und Vanille mit den restlichen Zutaten verkneten. In Frischhaltefolie wickeln und 60 Minuten kühlen.

2 Den Ofen auf 160 °C (Umluft) vorheizen. Teigstücke zu Kipferln formen und auf ein mit Backpapier belegtes Backblech legen. Vanillekipferl etwa 10 Minuten backen.

3 Die Plätzchen kurz abkühlen lassen. In der Zwischenzeit Birkenzucker zu Puderzucker mixen. Vanillekipferl dick mit Puderzucker bestäuben.

PISTAZIEN-
Makronen

FÜR 45 STÜCK

- 100 g Erythrit
- 3 Eiweiß (Größe M)
- Salz
- 1 Spritzer Zitronensaft
- 60 g Pistazienkerne
- 100 g gemahlene Mandeln
- 1 TL Johannisbrotkernmehl
- 2 TL abgeriebene Bio-Zitronenschale
- 35 g gehackte Pistazienkerne

SO GEHT'S

1 Erythrit zu Puderzucker mahlen. Eiweiße mit 1 Prise Salz und Zitronensaft sehr steif aufschlagen. Dabei Erythrit-Puderzucker einrieseln lassen. Pistazien mahlen, dann gemahlene Mandeln, Johannisbrotkernmehl, Zitronenschale und 25 g gehackte Pistazien unterheben.

2 Den Ofen auf 120 °C (Ober-/Unterhitze) vorheizen. Masse in einen Spritzbeutel mit offener Sterntülle füllen und 2 cm große Tupfen auf ein mit Backpapier belegtes Blech spritzen. Pistazien-Makronen mit restlichen gehackten Pistazien bestreuen und 50 Minuten im Ofen trocknen lassen.

TIPP

Unbedingt luftdicht aufbewahren! Sonst verlieren die Pistazienmakronen ihre schöne grüne Farbe.

SCHOKOLADEN-
Hörnchen

FÜR 45 STÜCK

- 1 TL Chia-Samen
- 25 g Kokosöl
- 40 g ungesüßtes Apfelmus
- 30 g Mandelmus
- 40 g Stevia-Streusüße
- 50 g Mandelmehl
- 30 g Leinsamenmehl
- 3 TL Kakaopulver
- 75 g gemahlene Mandeln
- Salz
- 50 g Zartbitterschokolade

SO GEHT'S

1 Chia-Samen mit 5 TL Wasser etwa 15 Minuten quellen lassen. Kokosöl schmelzen, dann mit Apfelmus, Mandelmus und Stevia-Streusüße verquirlen. Mehle, Kakaopulver, gemahlene Mandeln, 1 Prise Salz und gequollene Chia-Samen untermixen, bis ein homogener Teig entsteht.

2 Den Ofen auf 160 °C (Umluft) vorheizen. Mit einem Teelöffel walnussgroße Teigportionen abstechen und zu Kipferln formen. Auf ein mit Backpapier belegtes Backblech legen und etwa 10 Minuten backen.

3 Schokolade hacken und über dem heißen Wasserbad schmelzen. Hörnchen mit den Enden in die Schokolade tauchen. Auf einem Gitter abtropfen und trocknen lassen.

LEBKUCHEN-
würfel

FÜR 30 STÜCK

- 50 g Birkenzucker
- 3 Eier (Größe M)
- Salz
- 50 g Butter
- 40 g gemahlene Mandeln
- 25 g gemahlene Haselnusskerne
- 25 g Kokosmehl
- ½ TL Backpulver
- 1 EL Lebkuchengewürz
- 7 EL Milch
- 1 EL Erythrit-Puderzucker

SO GEHT'S

1 Birkenzucker zu Puderzucker mahlen. Eier trennen. Eiweiße mit 1 Prise Salz steif schlagen, Puderzucker dabei einrieseln lassen. Butter schmelzen, etwas abkühlen lassen.

2 Den Ofen auf 180 °C (Ober-/Unterhitze) vorheizen. Eigelbe hellcremig aufschlagen, Butter untermischen. Mandeln, Haselnüsse, Kokosmehl, Backpulver und Gewürz mischen und abwechselnd mit der Milch unter den Eiermix rühren. Eischnee in drei Portionen unterheben.

3 Backform (20 x 20 cm) mit Backpapier auslegen, Teig einfüllen. Kuchen für etwa 15 Minuten backen. Aus dem Ofen holen und abkühlen lassen. In kleine Quadrate schneiden und mit Puderzucker bestäuben.

Erdnussmus- STERNE

FÜR 12 STÜCK

- 10 g Erythrit
- 30 g Erdnussmus
- 30 g Butter
- 20 g Low-Carb-Kekse (z. B. Heidesand)
- 10 g Proteinpulver
- 40 g Zartbitterschokolade

SO GEHT'S

1 Erythrit zu Puderzucker mahlen. Erdnussmus und Butter in einem Topf schmelzen. Kekse zerbröseln, mit Proteinpulver sowie Erythrit-Puderzucker mischen und unter die Erdnussbutter rühren. Masse in eine Sternen-Silikonform drücken und 60 Minuten einfrieren.

2 Die Schokolade hacken und über dem heißen Wasserbad schmelzen. Dann die Sterne etwas in die Schokolade tunken, auf einem Kuchengitter abtropfen lassen und die Schokolade fest werden lassen.

SESAM-SCHOKO-
Ecken

FÜR 16 STÜCK

- 1 Vanilleschote
- 100 g Kokosblütenzucker
- ½ TL gemahlener Zimt
- 180 g ungeschälte Sesamsamen
- 50 g Zartbitterschokolade

SO GEHT'S

1 Die Vanilleschote aufritzen und das Mark ausschaben. Den Kokosblütenzucker mit 100 ml Wasser in einen größeren, unbeschichteten Topf geben, das Vanillemark und den Zimt hinzufügen und alles aufkochen lassen.

2 Sobald der Sirup kocht, den Sesam untermischen. Unter Rühren den Sesam etwa 8 Minuten im Topf karamellisieren, bis sich ein klebriges Karamell gebildet hat, das die Samen zusammenhält. Vorsicht, dass die Masse nicht verbrennt! Wenn die gewünschte Konsistenz erreicht ist, das Sesamkonfekt sofort auf ein Backpapier geben. Mit einem zweiten Backpapier abdecken und das noch warme Karamell 3 mm dünn ausrollen. 15 Minuten bei Zimmertemperatur erkalten lassen.

3 Anschließend das obere Backpapier vom Karamell abziehen und mit einem großen Messer acht Quadrate aus dem Konfekt schneiden und diese jeweils halbieren, um 16 Dreiecke zu erhalten.

4 Die Zartbitterschokolade grob hacken und über einem Wasserbad schmelzen. Vom Herd nehmen und wieder etwas erkalten lassen, bis die Schokolade eine dickflüssigere Konsistenz hat. Dann mit einem Teelöffel die Schokolade in Fäden über die Sesamecken träufeln. Ist die Schokolade fest geworden, ist das Konfekt fertig!

DELICIOUS
Sesame

DATTEL-FEIGEN-
Konfekt

FÜR 20 STÜCK

Für die Nuss-Schicht

- 100 g Paranusskerne
- 100 g Cashewkerne
- 140 g Kokosraspel
- 8 Soft-Datteln
- 1 EL Kokosöl
- Salz

Für die Dattel-Feigen-Schicht

- 1 Bio-Orange
- 200 g Soft-Datteln
- 100 g Soft-Feigen
- 4 EL Dattelsirup
- 1 Msp. Vanillepulver
- 1 Msp. gemahlener Zimt

SO GEHT'S

1 Die Nüsse mit den Kokosraspeln und Datteln für die Nuss-Schicht in die Küchenmaschine geben und zerkleinern. Das Kokosöl und 1 Prise Salz dazugeben. Die Hälfte des Teigs zwischen zwei Lagen Backpapier auf ein Backblech geben, zu einem 15 x 20 cm großen Rechteck ausrollen und mindestens 1 Stunde kaltstellen. Die andere Hälfte bei Zimmertemperatur beiseitestellen.

2 Für die Dattel-Feigen-Schicht die Orange waschen, trocken reiben und die Schale fein abreiben. Die Zesten mit dem Trockenobst, dem Sirup, der Vanille und dem Zimt in der Küchenmaschine zu einer Paste verarbeiten. Die Masse auf das gekühlte Nuss-Rechteck geben und gleichmäßig darauf verstreichen.

3 Die zweite Hälfte des Nussbodens in Bröseln auf die Dattelschicht drücken. Erneut für mindestens 30 Minuten kaltstellen. Dann das Rechteck in 3 x 5 cm große Häppchen schneiden. Die Schnitten am besten kühl vernaschen.

Sweet

Pistazien-Feigen-
HAPPEN

FÜR 65 STÜCK

Für den Teig
- 70 g Mandelmehl
- 30 g Sojamehl
- 70 g Proteinpulver
- 50 g Birkenzucker
- 170 g Butter
- 1 Ei (Größe M)
- Salz
- ½ Pck. Backpulver

Für die Füllung
- 200 g getrocknete Feigen
- 50 g gehackte Pistazienkerne

SO GEHT'S

1 Alle Zutaten für den Teig mit kühlen Händen geschmeidig verkneten. In Frischhaltefolie gewickelt 60 Minuten kühlen.

2 Für die Füllung die Feigen würfeln und mit 50 ml Wasser 5 Minuten köcheln lassen. Pürieren und abkühlen lassen. Dann Pistazien unterheben.

3 Den Teig halbieren und zwischen zwei Lagen Backpapier zu einem schmalen, länglichen Rechteck ausrollen. Die Hälfte der Füllung längs (etwa 2 cm Durchmesser) auf dem Teig verteilen und diesen mithilfe des Backpapiers wieder aufrollen. Mit der zweiten Teighälfte ebenso verfahren. Rollen für 60 Minuten kühlen.

4 Den Ofen auf 170 °C (Umluft) vorheizen. Die Teigrollen in 1 cm breite Scheiben schneiden und diese auf einem mit Backpapier belegten Blech verteilen. Etwa 7 Minuten backen.

NUSSECKEN

FÜR 24 STÜCK

Fürden Boden
- 250 g Butter
- 150 g Mandelmehl
- 40 g Kokosmehl
- 75 g Birkenzucker
- 2 Eier (Größe M)

Für den Belag
- 100 g Butter
- 50 g Birkenzucker
- 100 g gemahlene Haselnusskerne
- 100 g Haselnussblättchen
- 100 g Mandelblättchen
- 40 g Zartbitterschokolade (mind. 70 % Kakao)

SO GEHT'S

1 Butter in Stückchen, Mandelmehl, Kokosmehl, Birkenzucker und Eier zügig zu einem Teig verkneten. Zur Kugel formen und 30 Minuten kühlen.

2 Währenddessen den Belag vorbereiten. Dafür Butter mit Birkenzucker cremig schlagen. Gemahlene Haselnusskerne unterziehen. Vorsichtig gehobelte Haselnusskerne und Mandeln untermischen.

3 Den Ofen auf 175 °C (Umluft) vorheizen. Backform (20 x 30 cm) mit Backpapier auslegen. Erst den Teig für den Boden gleichmäßig darin ausrollen. Dann den Belag darauf verteilen und möglichst glatt verstreichen. Nussecken 25 Minuten goldbraun backen.

4 Abkühlen lassen, dann in gleichmäßige Dreiecke schneiden. Schokolade hacken und über dem heißen Wasserbad schmelzen. Schokolade in Schlieren über die Nussecken ziehen und diese auf Backpapier trocknen lassen.

HIMBEER-
Pralinen

FÜR 16 STÜCK

- 2 EL Kokosöl
- 200 g gemahlene Mandeln
- 1 TL Backkakao
- 4 TL Stevia-Streusüße
- ½ TL gemahlener Zimt
- 4 EL Mandelmus
- gefriergetrocknete Himbeeren (Pulver)

SO GEHT'S

1 Zunächst das Kokosöl schmelzen. Mit Mandeln, Backkakao, Stevia-Streusüße, Zimt und Mandelmus verkneten.

2 Die Masse zu walnussgroßen Kugeln formen. Im Kühlschrank aufbewahren. Vor dem Servieren in gefriergetrocknetem Himbeerpulver wälzen.

TIPP

Statt in gefriergetrockneten Himbeeren gewendet zu werden, können die Pralinen auch in Schlieren mit Schokolade überzogen werden.

Weihnachtlicher KÄSEKUCHEN

FÜR 16 STÜCK

Für den Boden

- 50 g Butter
- 80 g gemahlene Mandeln
- 50 g braunes Mandelmehl
- 2 EL Birkenzucker
- 1 Ei (Größe M)
- Salz
- ½ TL gemahlener Zimt

Für die Creme

- 3 Eier (Größe L)
- 100 g Birkenzucker
- 50 g Erythrit
- Salz
- ¼ TL gemahlener Zimt
- 300 g Magerquark

Für die Gewürzkirschen

- 200 g ungesüßte Kirschen (Glas mit Saft)
- ½ TL Steviasüße
- ½ TL gemahlener Zimt
- Piment
- ½ TL Johannisbrotkernmehl

SO GEHT'S

1 Für den Boden zunächst die Butter in Stückchen teilen und mit den restlichen Zutaten rasch zu einem Teig verkneten. Zur Kugel formen und in Frischhaltefolie gewickelt etwa 30 Minuten in den Kühlschrank legen.

2 Für die Creme Eier trennen. Birkenzucker und Erythrit zu Puder mahlen. Eiweiße mit 1 Prise Salz und Birkenzucker zu Schnee schlagen. Eigelbe mit Erythrit hellcremig aufschlagen und Zimt einmischen. Zuerst den Quark, dann den Eischnee unterheben.

3 Den Ofen auf 160 °C (Umluft) vorheizen. Den Teig aus dem Kühlschrank holen und auf Backpapier rund ausrollen. Mit einem Tortenring (20 cm Durchmesser) auf die passende Größe ausstechen, überschüssigen Rand entfernen. Creme einfüllen und 40 Minuten backen. Den Ofen ausschalten und den Käsekuchen weitere 30 Minuten mit geschlossener Tür im Backofen stehen lassen. Dann herausholen und auf einem Kuchengitter komplett auskühlen lassen. Der Kuchen wird nun stark einfallen.

4 Für die Gewürzkirschen Kirschen samt Saft in einen kleinen Topf geben. Mit Steviasüße nach Geschmack süßen. Mit Zimt und 1 Prise Piment würzen. 3 EL Kirschsaft abnehmen und in einem kleinen Schälchen mit Johannisbrotkernmehl glatt rühren. Die Kirschen aufkochen lassen, den Mix zu den Kirschen geben, einrühren und kurz aufkochen. Warm oder abgekühlt zum Kuchen servieren.

CRANBERRY-
Kuchen

FÜR 16 STÜCKE (1 BRIOCHEFORM)

- 3 Eier (Größe M)
- 120 g Birkenzucker
- 75 ml Sonnenblumenöl
- 100 g Joghurt
- 30 g Mandelmehl
- 25 g Proteinpulver Vanillegeschmack
- 70 g gemahlene Haselnusskerne
- ½ Pck. Backpulver
- 30 g Cranberrys (TK aufgetaut oder frisch)

SO GEHT'S

1 Briocheform fetten und mit etwas Mandelmehl ausstäuben. Ofen auf 160 °C (Umluft) vorheizen.

2 Eier trennen. Eiweiße mit der Hälfte des Birkenzuckers steif schlagen. Eigelbe mit dem restlichen Birkenzucker cremig aufschlagen. Sonnenblumenöl und Joghurt untermischen. Mandelmehl, Proteinpulver, Haselnusskerne und Backpulver mischen. Unter Eigelbcreme mischen, danach die Cranberrys und zuletzt den Eischnee unterheben.

3 Teig in die Backform füllen und den Kuchen etwa 40 Minuten backen. Abkühlen lassen und vor dem Servieren mit Erythrit-Puderzucker bestäuben.

TIPP

Der Kuchen lässt sich natürlich auch in einer normalen Springform zubereiten.

PEKANNUSS-AVOCADO-Brownies

FÜR 16 STÜCK

Für die Brownies

- 100 g Zartbitterschokolade
- 250 g Avocado (etwa 1 ½ Avocados)
- 2 EL Backkakao
- 1 EL Kokosöl
- 2 Eier (Größe M)
- 100 g Pekannusskerne
- 50 g Kokosmehl
- ¼ TL Natron
- 1 TL Backpulver
- 40 g Birkenzucker
- 30 g Erythrit

Für das Topping

- 30 g Zartbitterschokolade
- Pekannusskerne

SO GEHT'S

1 Schokolade hacken und über dem heißen Wasserbad schmelzen, handwarm abkühlen lassen. Avocadofruchtfleisch auslösen, 250 g abwiegen. Mit Backkakao, Kokosöl, Eiern und geschmolzener Schokolade pürieren.

2 Den Ofen auf 180 °C (Ober-/Unterhitze) vorheizen. Die Hälfte der Pekannüsse hacken, die andere im Mixer mahlen. Beides mit Kokosmehl, Natron, Backpulver, Birkenzucker und Erythrit vermischen. Unter die Avocadomasse rühren und in eine mit Backpapier ausgelegte Form (24 x 24 cm) füllen. Etwa 15 Minuten backen. Auf einem Gitter abkühlen lassen.

3 Für die Deko Schokolade hacken und über dem heißen Wasserbad schmelzen. In Schlieren über die Brownies verteilen. Pekannüsse grob hacken und den Kuchen damit garnieren.

SÜSSKARTOFFEL-
Zimtschnecken

FÜR 12 SCHNECKEN

Für den Hefeteig

- 1 Süßkartoffel (ca. 300 g für 125 g Püree)
- 500 g Dinkelvollkornmehl
- ½ Würfel frische Hefe (21 g)
- 40 g Kokosblütenzucker
- 125 ml Mandeldrink
- 1 Ei (Größe M)
- 60 g weiche Butter

Für die Füllung

- 75 g Kokosöl
- 75 g Mandel-, Walnuss- oder Pekannusskerne
- 75 g Kokosblütenzucker
- 2 TL gemahlener Zimt
- 2 EL Kokosblütensirup

SO GEHT'S

1 Den Backofen auf 200 °C (Ober-/Unterhitze) vorheizen und die Süßkartoffel im Ganzen 45 Minuten backen, bis sie weich ist. Halbieren, das noch heiße Fruchtfleisch herausschaben und mit einer Gabel zerdrücken. In eine große Schüssel füllen und das Dinkelmehl dazugeben.

2 Die Hefe in eine Schale zerbröckeln, den Zucker darübergeben und beides 15 Minuten gehen lassen. Den Mandeldrink lauwarm erhitzen und zusammen mit der Süßkartoffel-Mehl-Mischung ebenfalls in die Schüssel geben, das Ei untermischen und die weiche Butter hinzufügen. Entweder mit der Hand etwa 5 Minuten auf der Arbeitsfläche oder mit dem Knethaken des Rührgeräts so lange durchkneten, bis ein elastischer Teig entstanden ist. Diesen dann zugedeckt an einem warmen Ort 1 Stunde gehen lassen.

3 Für die Füllung das Kokosöl schmelzen. Die Nüsse fein hacken und mit dem Kokosblütenzucker und Zimt mischen. Den Ofen auf 180 °C (Ober-/Unterhitze) vorheizen. Die Form einfetten und mit ein wenig Kokosblütenzucker bestreuen.

4 Den aufgegangenen Teig auf der bemehlten Arbeitsplatte zu einem 30 x 40 cm großen Rechteck ausrollen. Mit dem Kokosöl die gesamte Fläche einpinseln, dann gleichmäßig die Zimt-Zucker-Nuss Mischung darüberstreuen. Den Teig von der Längsseite her eng aufrollen. Mit einem scharfen Messer in 12 gleich große Stücke schneiden und diese nebeneinander, mit der Schnittseite nach oben in die Form legen. Erneut 30 Minuten gehen lassen. Dann im Ofen 25 Minuten backen.

5 Wer mag, kann die Schnecken jetzt noch mit extra Kokosblütensirup beträufeln. Die kleinen Buns lassen sich sowohl warm als auch kalt genießen.

Cinnamon Rolls
ho ho...ho ho ho
ho ho ho

RAW-ERDNUSS-SCHOKO-*Cheesecake*

FÜR 16 STÜCK

Für die Cheesecake-Masse

- 300 g Cashewkerne
- 40 g Erythrit
- 30 g Birkenzucker
- 4 TL Erdnussmus
- 4 TL flüssiges Kokosöl
- 150 ml Kokosmilch
- 1 TL Backkakao
- 30 g Zartbitterschokolade

Für den Boden

- 100 g ungesalzene Erdnusskerne
- 130 g braunes Mandelmehl
- 1 TL Backkakao
- 1 EL Erythrit
- Salz
- 50 g Kokosöl

SO GEHT'S

1 Alle Cashewkerne für die Cheesecake-Masse mindestens 60 Minuten, besser über Nacht, in einer ausreichenden Menge Wasser einweichen.

2 Für den Boden Erdnüsse, Mandelmehl, Kakao, Erythrit und 1 Prise Salz vermischen. Kokosöl unterkneten. Den Teig in die Springform drücken.

3 Für die Cheesecake-Masse Erythrit und Birkenzucker zu Puder mahlen. Zusammen mit den eingeweichten Cashewkernen, Erdnussmus, Kokosöl und Kokosmilch zu einer glatten Creme vermixen. Halbieren und die erste Hälfte auf den Boden streichen, 60 Minuten frosten.

4 Die übrige Masse mit Kakao einfärben und auf die angefrostete Erdnussbutterschicht streichen. Den Cheesecake anschließend 4 Stunden frosten.

5 Vor dem Verzehr Schokolade hacken und über dem heißen Wasserbad schmelzen. In Schlieren über dem Kuchen verteilen und den Cheesecake weitere 15 Minuten antauen lassen.

Joghurt-Nuss- TORTE

FÜR 16 STÜCK (SPRINGFORM Ø 18 CM)

Für den Teig

- 2 Eier
- 40 g Birkenzucker
- 40 g Erythrit
- 50 ml Sonnenblumenöl
- 50 g Magerquark
- 20 g Mandelmehl
- 15 g Proteinpulver Vanillegeschmack
- 45 g gemahlene Haselnusskerne
- ½ Pck. Backpulver

Füllung und Topping

- 200 g Sahne
- 250 g Mascarpone
- 4 EL kalter Espresso
- 2 EL Erythrit
- 1 TL Backkakao
- 1 TL Guarkernmehl
- 100 g Zartbitterschokolade
- 1 TL Kokosöl
- 1 EL Haselnussblättchen

SO GEHT'S

1 Den Ofen auf 180 °C (Ober-/Unterhitze) vorheizen. Eier trennen. Birkenzucker und Erythrit unabhängig voneinander mahlen. Eiweiß mit Birkenzucker steif schlagen. Eigelb mit Erythrit hellcremig aufschlagen. Sonnenblumenöl und Quark unterrühren. Mehle, Haselnusskerne und Backpulver mischen und abwechselnd mit dem Eischnee unterheben. Teig in eine mit Backpapier ausgelegte Springform füllen und etwa 30 Minuten backen. Den Kuchen ggf. mit Alufolie abdecken, sollte er zu dunkel werden. Auf einem Kuchengitter auskühlen lassen, dann waagerecht halbieren.

2 Sahne steif schlagen. Mascarpone mit Espresso cremig rühren. Erythrit zu Puder mahlen. Kakao, Erythrit-Puderzucker und Guarkernmehl mischen, unter die Creme ziehen. Sahne unterheben. Einen Tortenring um den unteren Boden spannen. Füllung bis auf 2 Esslöffel einfüllen und glattstreichen. Oberen Boden auflegen und leicht andrücken. Restliche Creme aufstreichen. Die Torte 30 Minuten frosten.

3 Schokolade grob hacken und über dem heißen Wasserbad schmelzen, Kokosöl einrühren. Torte aus dem Gefrierschrank holen und mit der Schokolade übergießen. Etwas davon an den Seiten herunterlaufen lassen. Das Ganze mit Haselnussblättchen verzieren.

Mandel- TARTE

FÜR 16 STÜCK

Für den Mürbeteig

- 100 g Mandelmehl
- 100 g gemahlene Mandeln
- 60 g Kokosmehl
- 1 TL Guarkernmehl
- 20 g Leinsamenmehl
- 30 g Erythrit-Puderzucker
- 40 g Birkenzucker-Puderzucker
- 180 g Butter
- 2 EL Joghurt
- Salz

Für die Füllung

- 50 g Birkenzucker
- 25 g Erythrit
- 100 g Butter
- 2 Eier (Größe M)
- 2 EL Mandelmehl
- 50 g gemahlene Mandeln
- 40 g Mandelblättchen

SO GEHT'S

1 Alle Zutaten für den Mürbeteig und 1 Prise Salz mit dem Handrührgerät grob verkneten. Mit den Händen zu einer homogenen Teigkugel verkneten und formen. In Folie wickeln und 30 Minuten im Kühlschrank ruhen lassen.

2 Für die Füllung Birkenzucker und Erythrit zu Puderzucker mahlen. Mit der zimmerwarmen Butter cremig schlagen. Eier einzeln unterrühren. Mandelmehl und gemahlene Mandeln untermischen.

3 Den Ofen auf 160 °C (Umluft) vorheizen. Den Boden der Tarteform mit Backpapier auslegen. Kleine Teigstücke ablösen und in die Form drücken, dabei einen Rand hochziehen. Den Tarteboden 5 Minuten vorbacken.

4 In der Zwischenzeit Mandelblättchen ohne Fett in einer Pfanne rösten. Den Tarteboden aus dem Ofen holen, Mandelcreme einfüllen und glattstreichen. Mandelblättchen auf der Creme verteilen. Tarte weitere 20 Minuten backen.

IMPRESSUM

Bibliografische Information der Deutschen Bibliothek.

Die Deutsche Bibliothek verzeichnet diese Publikation in der Deutschen Nationalbibliografie.
Detaillierte bibliografische Daten sind im Internet über http://www.dnb.de/ abrufbar.

EIN BUCH DER EDITION MICHAEL FISCHER

2. Auflage 2021

Covergestaltung und Satz: Emilia Ruppel

Projektleitung und Lektorat: Carina Baier

Bilder: S. 15, 17, 19, 25, 27, 30, 31, 33, 35, 37, 39, 41, 45, 47, 49, 51, 53, 55, 59, 61, 63: Maria Panzer, Offenburg;
S. 10, 21, 23, 43, 57: Alissa Poller (Foodstyling) und Eising Studio GmbH – FOOD & Video, München (Fotografie),
S. 6: © SMarina/Shutterstock, S. 7: © BarbaraGoreckaPhotography/Shutterstock, S. 9: © Marina Shanti/Shutterstock,
S. 11: © Flotsam/Shutterstock

Rezepte: S. 14, 16, 18, 24, 26, 28, 29, 32, 34, 36, 38, 40, 44, 46, 48, 50, 52, 54, 58, 60, 61: Maria Panzer; S. 20, 22, 42, 56: Alissa Poller

Texte Grundlagenteil: S. 6, 7, 10: Alissa Poller; S. 6, 7, 11: Maria Panzer; S. 8: Sara Plavic

ISBN 978-3-7459-0746-9

Gedruckt bei appl druck GmbH, Senefelderstraße 3-11, 86650 Wemding, Deutschland

www.emf-verlag.de